인간은 미래에 어떻게 될까?

한 입 크기 철학 4
인간은 미래에 어떻게 될까?

초판 인쇄 2020년 06월 20일
초판 발행 2020년 06월 25일

지은이 클레르 마랭
그린이 알프레드
옮긴이 손윤지
펴낸이 조승식
펴낸곳 돌배나무
공급처 북스힐
등록 제2019-000003호
주소 01043 서울시 강북구 한천로 153길 17
홈페이지 www.bookshill.com
이메일 bookshill@bookshill.com
전화 (02) 994-0071
팩스 (02) 994-0073

정가 9,000원
ISBN 979-11-966240-7-1

* 잘못된 책은 구입하신 서점에서 바꿔 드립니다.

Qu'allons-nous devenir?
La technique et l'homme de demain
Claire Marin & Alfred

클레르 마랭 & 알프레드

인간은 미래에 어떻게 될까?

기술과 미래의 인간

10:20

기술은 인간을
더 향상시킬까?

기술이 인간의 삶을 더 편리하게 해줄 것이라는 주장은 오래전부터 있어 왔다. 기술이 발전하면서 수익이 늘고 생산성도 높아지긴 했으나 모든 분야에서 그런 것은 아니다. 오늘날, 사람들은 신기술을 이용해서 인간을 더 향상시켜야 한다고 말한다. 그런데 어떻게 '향상'시켜야 한다는 것일까? 더는 돌이킬 수 없는 상황이 벌어지기 전에 향상된 능력을 갖춘 '하이브리드 인간'에 대해서 한번쯤 생각해 볼 필요가 있다. 우리는 기술의 핵심 내용이나 사용 방법, 위험성에 대해서는 생각하지 못하고 기술이 만들어 낸 눈부신 혁신에 마음을 빼앗긴다. 그렇게 무지하고 순진한 우리들은 기술과 경제의 발전 과정에서 상대적으로 수동적인 위치에 놓여 있다. 기술은 우리 주변의 사물과 세계뿐 아니라, **인간관계와 인간의 사고방식의 변화와 더불어 인간에 대한 변화도 초래했으며, 우리가 하는 행동을 통계 숫자로 기록하고 정량화했다.** 또한 세상을 바라보는 우리의 시선이나 우리 몸에 대한 인식, 우리가 가진 능력에 대한 개념도 바꾸었다. 기술은 우리가 생각하고 질문하고 답을 찾고 이해하는 방식에도 영향을 주었다. 그렇다면 기술은 인간의 사고와 행동을 전부 획일화하는 것은 아닐까? 아니면 가상 현실을 통하여 현실 세계를 더욱 풍부하게 만들고 우리에게 가능성의 장을 열어주는 것일까? 기술이 발달하면서 현실 세계에는 수많은 변화가 있었지만, 오늘날의 기술은 너무 복잡해서 이해하기 어렵기 때문에 인간은 수동적으로 행동할 수밖에 없다. 따라서 기술이 야기한 변화와 인간의 수동적 위치에 대해 고심해 보아야 하며, 인간은 기술이라는 거대하고 불안정한 힘에 맞서기 위해 어떤 무기를 사용할 수 있는지 생각해 보아야 한다. 기술의 발전 이면에는 무엇이 있을까? 물질적, 문화적 해방의 도구로서 기술을 어떻게 새롭게 이용할 수 있을까? 기술은 우리를 어디까지, 또 어떻게 변화시킬까? 우리의 능력을 뛰어넘는 기술의 힘 앞에 우리는 무릎을 꿇어야만 할까? 아니면 인간의 유한한 삶을 극복할 가능성을 열어주는 기술의 발전을 두 팔 벌려 환영하면 되는 것일까? 인류의 유형은 어디까지 확장될 수 있을까? 그리고 우리는 미래에 어떻게 될까?

앞으로 나눌 이야기는?

물론 요즘 우리가 말하는 기술은 톱니바퀴의 발명처럼 단순하지 않다. 과학기술을 접목한 최신 기계들은 구조가 매우 복잡해서, 옛날 기계에서 볼 수 있는 톱니바퀴와 레버는 상대적으로 하찮은 것처럼 느껴질 수도 있다. 여기서 말하는 '기술'과 '과학기술'이라는 두 단어는 구분되어 쓰인다. 이는 당연히 두 단어의 의미가 다르다는 뜻이며, 그 차이는 아주 중요하다. 먼저 기술은 새로운 사실이나 유형 혹은 무형의 대상을 만들어 내는 물질적 요소에 변화를 주는 작용이다. 예를 들면, 도예가나 바이올리니스트는 숙련된 기술technique을 발휘하여 예쁜 꽃병과 아름다운 멜로디를 만들어 낸다. 한편 과학기술technologie은 말, 논리, 이성을 뜻하는 그리스어인 '로고스logos'에서 기원한 것으로, 더욱 확장된 기술을 의미하며 깊이 있는 지식을 기반으로 한다. 그러나 대부분의 경우, 우리는 실용적인 측면만 생각하여 과학기술의 기능, 장단기적으로 예상되는 효과, 실제로 발생할 결과에 대해서는 고려하지 않는다. 과학기술이 이용되는 순간부터 어떻게 작용하는지는 중요하지 않은 것이다. 그저 우리는 생활에 유용하고 또 편리하기 때문에 이용할 뿐이다. 독일의 사회학자인 막스 베버Max Weber가 "우리는 그것들을 이용할 수 있는 것으로 충분하다"라고 말했던 것처럼 말이다!

우리는 도구의 활용법에 대해 알아가는 것을 포기했고, 따라서 우리의 방식대로 도구를 사용하면 위험할지도 모른다. 18세기 독일의 극작가, 고트홀트 레싱Gotthold Lessing은 다음과 같은 질문을 던진다. 우리는 우리가 도구를 이용한다고 생각하겠지만 오히려 도구가 우리를 이용하고 있는 것은 아닐까? 도구는 정말로 유용한 것일까? 또 그 '유용함'은 어디에 쓰일까? 그렇다면 우리가 진정으로 가치를 두어야 하는 것은 무엇일까?

“인간은 이제 자신이 쓰던 도구의 도구로 전락했다.”

헨리 데이비드 소로
Henry David Thoreau

기술은 어디에 쓰일까?

우리는 신기술이 수단이자 목적인 세계에서 살고 있다. 신기술은 우리에게 유용한 도구를 제공하고 우리는 그것의 편리함에 쉽게 마음을 빼앗긴다. 그러나 경제적인 관점에서 볼 때, 신기술이 유용하다고 해서 반드시 그것을 이용할 필요는 없지 않을까? 애당초 기술을 사용했던 이유는 우리의 삶이 더 나아지길 바랐기 때문이었다. 하지만 기술은 우리를 더 자유롭게 해주기는커녕 소비 중심적 삶에 우리를 무릎 꿇게 만들지 않았는가?

20세기 초, 프랑스의 철학자 앙리 베르그송Henri Bergson은 기술의 발전을 '선로변경 장치의 우연한 사고'에 비유했다. 기술은 이제 '모두를 위한 자유를 목표로 하기보다 선로변경 장치의 우연한 사고로 인해 소수를 위한 과도한 물질적 풍요이자 사치의 길로 나아가게 되었다'는 것이다. 이렇듯 오늘날 빠르게 발전하는 기술은 부당함과 자기 파괴의 문제가 있다. 앞으로 기술의 전망은 어떻게 될까?

기술은 어떻게 작용할까?

기술의 생산과정을 구조적으로 이해하기 위해 기술의 두 가지 기초 요소인 톱니바퀴와 레버를 떠올려보자. 먼저 톱니바퀴를 움직이게 하는 레버와 결과적으로 발생한 움직임 사이에는 '간격'이 존재한다. 다시 말해, 기계를 작동시킨다고 해서 결과적으로 그것이 불러올 모든 영향을 전부 알 수 없다는 말이다. 이렇게 발생한 '간격' 때문에 기술의 영향은 더욱 모호한 것처럼 느껴진다. 그래서 인간의 행동은 무의미하게 보이고, 점점 무책임해질

수도 있다.

한편 기술은 초기 항력과 결과적으로 생산된 항력 사이의 불균형을 만든다. 애초에 우리가 가진 힘보다 더 큰 힘을 이용해 쉽게 물건을 들어 올릴 수 있는 지렛대의 원리를 생각해보라!

바로 이 힘의 차이와 불균형에서 중요한 쟁점이 떠오른다. 기술을 이용했을 때, 한 인간이나 집단의 힘이 더 확장된다면 무슨 일이 벌어질까? 우리는 그 힘을 얼마나 통제할 수 있으며 또 확장할 수 있을까? 이것이 바로 그 유명한 베르그송의 '영혼의 보충supplément d'âme'이다. '과도하게 커져

버린 신체를 채우기에는 너무 작고, 또 그 신체에 명령을 내리기에는 너무도 약한 영혼은 몸속에 그대로 남아 있기 때문에' 기술의 발전과 함께 등장한 새로운 분야는 인간의 비판의식이 더욱 필요하다. 그러나 행동을 분산해서 우리가 하지 않아도 되는 일은 기계에 맡기다 보니, 더 노력할 필요도 없고 행동에 대한 책임을 질 필요도 없게 되었다. 이러한 구조는 독일의 철학자 카를 마르크스Karl Marx가 19세기에 말했던 공동체로부터의 소외로 이어진다. 우리는 행동의 의미를 앗아가는 사회에서 살아가고 있으며, **실체는 사라지고 비현실적이고 비물질적인 세계만 남아 있다.** 그래서 우리는 SNS에 올라온 글을 읽고 있을, 화면 뒤에 가려진 사람들을 의식하지 못하는 것이다. 직접 얼굴을 마주하고 있지 않기 때문에 우리가 뱉는 말의 영향력에 대해서도 생각하지 못한다. 오늘날 다른 사람들과의 관계도 이렇게 새로운 방식으로 형성된다. 따라서 기술이 우리의 삶과 삶의 방식, 사고방식과 생각의 교류에 끼치는 영향에 대해 탐구할 필요가 있으며, 우리의 말과 행동 등 그 표현방식에 미치는 영향은 무엇인지 살펴보아야 한다.

"바람에 풍차가 돌아가듯,
인간은 끊임없이 습관을
만들어 내는 기계다."
볼테르
Voltaire

기계와 공존할까?
기계처럼 살까?

대다수의 사람들은 고도화된 기술의 세계에서 살아가는 것에 만족한다. 전기를 이용하고 깨끗한 식수를 마시며, 좋은 환경에서 교육받고 또 보호받기 때문이다. 실제로도 기술의 눈부신 발전 덕분에 우리의 삶은 더 편해졌다. 수술을 받기 전에 마취를 하거나 지구 반대편에 있는 친구와 수다를 떨 수 있는 삶에 불만을 표할 사람이 누가 있을까?

우리의 삶에서 기술이 차지하는 실제 비중은 과거와 많이 달라졌다. 세탁기나 냉장고처럼 실생활에 편리한 전자제품부터, 비디오 게임 중독이나 휴대전화에서 한시도 떨어지지 못하는 '노모포비아' 증후군을 일으킬 수 있을 정도로 의존성이 높은 기계까지 그 종류도 매우 다양하다. 기계는 실용적이고 물리적인 문제를 해결하는 데 쓰이며, 집안일부터 전문적인 작업을 할 때도 사용된다. 또한 기계는 장난감이 되기도 하고 다른 사람과 관계를 맺는 수단이 되기도 한다. 특히 온전히 나만을 위한 도구로 쓰이는 경우가 많아서 현대인의 정신적 욕구와 필요에도 부합한다.

이렇듯 기계는 자아를 표출하기 위한 새로운 수단이 되었다. 기계를 통해서 우리는 가상 현실에까지 자아를 펼칠 수 있으며, '인정'받고 싶은 욕구도 충족할 수 있게 되었다. 자기 자신을 투영할 수 있는 매체도 끊임없이 증가하고 있어 우리는 컴퓨터, 스마트폰, SNS의 매력에 푹 빠질 수밖에 없다. 영국의 소아과 의사이자 정신분석학자인 도날드 위니콧Donald Winnicott은 유아기 아동이 애착을 갖는 이불이나 장난감을 '과도기적 사물*'이라고 정의했다. 우리에게는 스마트폰이 과도기적 사물인 셈이다. 스마트폰은 가족과의 연결을 구체적으로 실현해주고, 우리의 생활을 전화번호, 메시지, 사진, 음악 등으로 압축해 저장한다. 게다가 상대방의 부재는 문자나 사진으로 대신할 수 있다.

스마트폰을 가지고 생활하다 보면 마치 집을 통째로 들고 다니는 것처럼 느껴질 때가 있다. 이동하면서 업무를 처리할 수 있고, 영화나 드라마를 보거나 책이나 잡지를 읽기도 한다. 콘서트도 관람할 수 있고, 게임은 물론 쇼핑도 가능하다. 우리가 살고 있는 현실 세계가 고작 몇 밀리미터의

* 과도기적 사물은 아이가 느끼는 엄마의 실제적 혹은 가상적 부재를 달래주는 것으로, 과도기적 사물을 통해 아이는 절대적 의존과 상대적 의존의 중간영역, 환상과 현실의 중간영역에서 홀로 있을 수 있는 능력을 기른다.

소형 메모리 카드에 전부 저장되어 있는 것이다. 우리는 모든 것이 가능한 유목 생활을 하고 있다. 장소, 물리적 거리, 공간의 분리 등 기존의 개념은 완전히 바뀌었다.

클릭 한 번이면 어떤 인물에 대한 정보나 지식은 물론, 모든 것에 접근할 수 있다. 원하는 것은 그 즉시 얻을 수 있지만, 개인의 사적인 공간은 더 이상 존재하지 않는다. 직장 생활을 하다 보면 휴대전화나 이메일을 통해 실시간으로 고객들을 만나고, 가상공간의 테이블에 회사 동료들을 불러 모아 회의를 하기도 한다. 주말도 예외는 아니다. 집에서 편히 쉬고 있는 시간에도 업무 메시지 알람은 끊임없이 울려댄다. 회사에서 제공하는 휴대전화가 마냥 유용하기만 할까? 대중교통을 이용하는 시간이나 저녁 식사 시간, 주말이나 공휴일처럼 일하지 않고 비생산적이었던 시간과 공간의 생산성을 높이기 위하여 회사는 우리의 삶에 휴대전화를 심어 두었다. 회사의 경영진이 직원에게 하는 것처럼, 부모들도 기술을 이용하여 그들의 자녀를 관찰한다. 휴대전화에 내장된 메모리 카드에는 모든 이동정보와 거래내역뿐만 아니라 개인의 관심사나 주변 관계가 전부 저장되어 있기 때문에 누구든지 원한다면 그 내용을 낱낱이 알 수 있다. 평소 기록된 행동과 조금만 달라져도 쉽게 알아차릴 수 있을 정

긴급회의야! 모여!
논문은 잘 진행되고 있나?
학교에 전화해야지!
지금 스카이프 할까?
어디야?
좋아요
ReGRets eteRnels

도로 모든 것이 기록되어 있다.

스마트폰 같은 전자기기는 상대방을 원하는 즉시 불러내는 힘이 있어 우리는 언제, 어디서든 바로 응답할 수 있다. 옛날에는 의사나 소방관처럼 촌각을 다투는 응급 상황을 처리해야 하는 사람들만 사용했지만 이제는 누구나 사용하는 물건이 되었다. 독일의 사회학자인 하르트무트 로자Hartmut Rosa는 현대 사회는 지금 '당장' 처리해야 하는 '긴급'한 일들이 증가하고 있다고 말한다. 여기서 우리는 '가속화의 압력**', 즉 가속화의 폭력성을 발견할 수 있다. 실제로 급한 일도 아닌데 반응이 늦으면 안 될 것 같은 '데드라인'의 힘도 만만치 않다. 빠르게 그리고 끊임없이 활동이 일어나는 세계에서 우리는 어떻게 비판적인 사고와 시각을 가질 수 있을까?

자동조종 모드로 살기?

기계는 우리가 하던 일을 멈추고 다른 주제로 또 다른 세계로 우리를 데려가는 힘이 있다. 컴

** 로자는 "사회적인 평가가 경쟁원칙에 따라 이루어지기 때문에, 사회적으로 인정받는 데서 속도는 가장 결정적인 요인이 되었다. 우리는 사회적 인정을 얻고 유지하기 위해 빠르고 유연해야 하며, 인정을 얻으려는 우리의 경쟁이 사회를 끊임없이 가속시킨다"고 말한다.

퓨터 모니터에 SNS와 업무 파일이 함께 열려있는데 어떻게 한 가지에만 집중할 수 있을까? 방해요소가 주위에 널려 있는데 집중이 분산되는 것을 어떻게 막을 수 있을까? 그런데 이는 결코 새로운 현상이 아니다. 이미 4세기경에 성 아우구스티누스Saint Augustin가 집중을 해치는 주의력 분산 현상에 대해 말한 바 있다. **문제는 우리가 내면에서 답을 찾으려 노력하기보다는 외부의 힘에 주의를 빼앗기거나 타인이 결정하는 대로 내버려 둔다는 것이다.** 우리를 유혹하는 오락용 기계들은 일상 곳곳에 퍼져 있다. 프랑스의 철학자인 블레즈 파스칼Blaise Pascal이 말했던 '기분전환'을 위한 새로운 도구들은 우리를 지배하고, 진정한 자기 자신의 내면으로부터 멀어지게 만든다. 인간에게 기분전환과 휴식, 한편으로는 혼란을 주기도 하는 기계들은 우리가 설정해 놓은 목표를 쉽게 바꾸어버리고 다른 길을 제시한다. 새로운 것들을 쏟아내며 구매욕을 자극하는 광고는 우리의 두 눈을 가리고 선택을 강요한다. 결국, 기계의 매력에 현혹되어 굴복하는 수동적인 인간에 대한 문제로 이어지는 것이다. 프랑스의 철학자 베르나르 스티글러Bernard Stiegler는 경제적 관점에서 볼 때, 인간은 광고의 영향력에서 벗어나는 데 있어 갈수록 더 큰 어려움을 겪는다고 말한다. 인간은 생각보다 무기력

하고 게을러서, 이미 프로그래밍되어 있는 기계의 매뉴얼을 따라가기만 한다. 또한 스티글러는 인간의 게으름이 결국 욕구를 사라지게 만든다고 주장한다. 인간은 이제 욕망하는 것이 없고, 모든 욕구는 이미 프로그래밍되어 있다. 즉, 우리는 더 이상 꿈과 환상을 가진 주체가 아닌 것이다. 기계는 우리의 소비 습관을 분석하여 발생할 수 있는 모든 가능성을 계산하고, 우리는 기계에 저장된 알고리즘대로 행동한다. 우리가 직접 욕구를 느끼기 전에 모든 것은 이미 결정된 셈이다. 인간의 삶의 유형을 획일화하는 이 구조를 어떻게 하면 벗어날 수 있을까?

그렇다고 하여 기계만 탓할 수는 없는 노릇이다. 스티글러가 강조한 것처럼 기술의 발전 그 자체가 자동화로 이어진 것은 아니다. 오히려 자동화된 사회에서 살아가고 있는 우리가 자동화를 실현했다. 무의식적으로 반복되는 작업을 하다 보면 생각할 필요도, 큰 집중력을 발휘할 필요도 없다. 그래서 항상 같은 장소에서 같은 순서로 일을 하면서 공상에 빠지기도 한다. 자동화는 인간에게 자유를 주기 위한 목적으로 도입되었지만, 자유롭게 일하던 사람들은 자동화된 공정에 맞추어 단순 조립 업무를 맡게 되면서 소외당하기 시작했다. 그리고 오늘날, 자동화된 인간은 그보다 훨씬 더 높은 능률을 발휘하는 자동화된 기술에 자리를 빼앗겨 가치를 잃고 말았다. **과학기술은 인간은 곧 습관을 지닌 존재라는 사실에 기반을 두고 있다.** 우리는 그렇게 정량화할 수 있는 알고리즘에 따라 행동하고 살아가며 예측 가능한 존재가 되었다. 인터넷 사이트를 여기저기 방문하며 디지털 세계 곳곳에 '데이터'를 뿌리면서 말이다.

이렇게 우리가 스스로 만든 알고리즘을 바탕으로, 과학기술은 우리를 틀에 가두고 우리가 가진 습관을 고착화하고 획일화하였다. 그래서 만약 우리가 좋아하는 책이 한 권 있다면, 알고리즘에 따라서 그것과 비슷한 다른 책도 좋아할 것으로 예측할 수 있는 것이다. 한편 인터넷은 예상치 못한 순간에 뜻밖의 발견을 하게 되는 '세렌디피티'의 공간이다. 인터넷 사이트를 돌아다니다 보면 다른 방식으로는 접하지 못했을 세계를 우연히 발견할 수 있기 때문이다. 그러나 그곳에서 스스로 빠져나오기 전까지 우리는 가상공간에 계속 갇혀 있다.

“신기술은 우리가 지능적이기를 강요한다.”

미셸 세르

Michel Serres

우리는 동시에 여러 공간에 존재할 수 있을까?

가상 세계의 요소가 끊임없이 현실로 침투되면서, 시간은 분할되고 단편적이 되었다. 또한 시간은 생각의 연속, 작업의 통일, 행동의 적절한 속도, 대화의 일관성 등 지속성을 잃었다. 소통하고 정보를 얻는 것은 즉각적으로 이루어지고 끊임없이 발생하기 때문에 주의력 분산의 문제로 이어질 수밖에 없다. 모니터로 글을 읽다 보면 전통적인 독서의 선형성을 해치고 집중력이 저하되며 학습에도 방해가 된다. 단순히 화면이 흔들리기 때문에 집중력을 잃는 것일까? 아니면 집중하는 방식이 달라지는 것일까? 모든 악기의 악보가 그려진 총보를 보며 오케스트라를 이끄는 지휘자처럼 생각은 동시에 여러 단계로 확장될 수 있을까? 정신적인 균형 상태에 이르기 위해서는 여러 가지 생각들이 잘 정립되어 있어야 하는 것은 아닐까? 그렇다면 생각의 확장이 우리의 정신적, 심리적 구조에 끼치는 영향은 무엇일까?

분신술이라도 부린 것처럼 우리는 동시에 여러 가지 데이터에 집중하고 또 동시에 여러 공간에 존재할 수 있을까?

공간은 겹겹이 쌓이며 더 이상 병렬적으로 존재하지 않는다. 현실과 가상공간의 경계는 사라졌다. 몸은 교실 책상 앞에 앉아있지만 SNS에 올라온 지난 모임에서 찍은 사진들을 보느라 수업에는 전혀 집중하지 못하는 모습을 떠올려 보자. 침대에 편히 누워서 열심히 인터넷 강의를 듣는 모습은 또 어떠한가?

우리는 우리가 있을 곳을 결정할 수 있다. 현재의 순간에 집착하지 않아도 관심이 가는 것을 선택할 수 있다. 현실 세계는 이제 '원하는 모든 것이 이루어지는 곳'이기 때문에 우리는 더 이상 무언가를 놓칠까 봐 전전긍긍하지 않아도 된다. 원하는 것은 그 즉시 얻을 수 있고, 동시에 나중으로 미룰 수도 있다. 예를 들면, 아쉽게 놓친 영화는 원하는 때에 바로 볼 수 있고, 만일 지금 당장 신발을 구매하고 싶다면 새벽 1시에라도 바로 주문할 수 있으며, 좋아하는 라디오 프로그램이 방송할 시간이더라도 지금 듣고 싶지 않다면 나중에 다시 들을 수 있다. 이렇게 인간의 행동은 더 이상 정해진 시간에만 일어나지 않으며, 우리를 행동하게 하는 실질적인 상황도 존재하지 않는다.

그렇다면 우리는 현재의 순간을 즐기고 있다고 말할 수 있을까? 진정한 나의 존재는 여전히 화면 뒤에 가려진 채,

화면에 나란히 떠 있는 인터넷 창과 외부의 힘에 이끌려 좌지우지되는 것은 아닐까? 내가 살아가고 있는 지금 이 순간, 나는 정말 존재하는 걸까? 우리는 마치 모든 것이 사라지는 것을 용납할 수 없다는 듯이, 순간을 재현하기 위하여 기록하고 모든 것을 저장한다.

우리는 서로에게 실질적으로 여전히 존재할까? 우리의 정체성과 자아, 더 나아가서는 인격마저도 사라진 가상 세계, 그중에서도 특히 SNS가 성장하면서 '과도하게 커져버린' 것은 우리의 신체만이 아니다. 우리의 자아도 변형된 형태로 여러 인터넷 사이트에서 끊임없이 복제되고 있다. 이제는 현실 세계에서 즐겁고 좋은 것만으로는 충분하지 않아서 **가상의 세계에서도 '좋아요'를 얻으려고 노력한다. 이것도 인정받고 싶은 욕구 때문일까?**

인터넷에 존재하는 디지털 이미지는 대부분 티가 나지는 않지만 수정되었거나, 필터가 자동으로 적용되는 애플리케이션을 이용하여 촬영한 것이기 때문에 허구일 가능성이 크다. 가상 세계는 현실에서와 마찬가지로 우리가 연기를 펼치는 무대와도 같다. 이 무대에 기술적 요소들만 이용한다면 마치 게임이 될 수도 있다. 현대 문화는 대상의 내적, 정서적, 심리적 현실이 어떻게 수정되었는지 구별하고, 이미지

TUNES

와 사람, 캐릭터의 차이를 구분할 줄 아는 것을 전제로 한다.

따라서 비판적 시각과 창의성, 과학기술이라는 도구를 통제할 힘이 필요하다. 이미 정해진 방식을 그대로 따르기보다는 이 도구들을 독창적이고 창의적으로 이용해야 하는 것이다. 사실 우리가 좋아하고 구매하는 것, 그리고 스스로 고민해야 하는 것까지 기계가 전부 다 결정해주었으면 하는 유혹은 아주 강하다. 기계를 사용하면서 변한 것은 타인과의 관계만이 아니다. 기계를 사용하는 우리는 사물인터넷에 의해 통제되고 수치화되었으며, 자기 자신을 성찰하는 시간은 사라졌다. 우리 몸의 건강 상태는 스마트워치가 관리하고, 수감자들의 움직임은 전자발찌가 확인한다. 프랑스의 철학자 미카엘 포에셀Michaël Foessel은 "자신이 살아가는 모습을 이런 방식으로 확인하는 것은 오히려 살아 있다는 사실을 망각하기에 가장 확실한 방법"이라고 말한다.

이렇게 인간은 수치화, 정량화할 수 있는 데이터와 체계화된 습관을 지닌 집합체가 되었다. 그러나 이렇게 기하학적인 방식으로는 우리의 정체성을 정확하게 요약할 수 없다. 수치화한 데이터로 자신을 잘 알 수 있다고 생각하는 것도 큰 오산이다. 베르그송은 우리의 내면이나 생각, 의식의 흐름을 뇌파로 단순하게 표현할 수 없다고 말한다. 알고리즘으로는 개인을 정의할 수 없다. 독일의 철학자 하이데거 Heidegger가 '계산과 추정이 가능한 세계가 주는 안정성'을 비판했듯이 우리는 현대 지식이 가진 객관성과 안정성의 허상에 저항해야 한다. 그래서 포에셀은 나 자신을 알아가고 나를 돌보는 일을 기계에 맡기려는 욕구를 거부해야 하며, '기술이 우리에게 너그럽게 제공하는 것들에 대해 비판적이어야 한다'고 주장한다. 존재의 의미를 빼앗기지 말고 새로운 과학기술이 인간에게 일방적으로 강요하는 것들을 거부해야 한다. 우리가 '감당할 수 있는 것'은 우리의 것으로 남겨두자! 우리 삶의 리듬은 기계가 결정할 수 없다.

“기계가 할 일을 인간에게 시키지 마세요.”

영화 <매트릭스>

기계의 속도는 너무 빠른 것 아닐까?

우리는 계속해서 빠르게 변화하는 세상의 속도를 따라가지 못한다. 기계의 빠른 속도 덕분에 인간은 '느림'의 상태에서 자유로워질 줄 알았지만 실제로는 속도의 의미가 사라져버렸다. 기술 세계에서 기계의 시간과 인간의 시간은 다르고 속도도 다르지만, 우리는 그 사실을 잊고 있다. 프랑스의 사회학자 장 보드리야르Jean Baudrillard는 속도란 "깊이로서의 시간에 대한 순간의 승리"라고 말한다. 즉, 기술의 속도 앞에서 인간은 피상적으로 접근할 수밖에 없다는 것이다. 1958년, 독일의 정치 철학자인 한나 아렌트Hannah Arendt는 인간이 기계의 메커니즘에 맞추다 보니 자신의 시간과 속도를 잃었다고 비판한 바 있다. 인간은 이렇게 자신의 자리를 빼앗겼다. 특정한 계산 및 데이터 검색 작업에서 우리는 기계의 상대가 되지 못한다. **시간의 지속성과 제한된 시간 내에 반드시 이루어져야 했던 행동들도 의미가 없어졌다.**

단편적이고 의미가 최대한으로 축소된 시간의 개념 속에서, 우리는 일정 시간이 요구되는 행동이나 활동을 전제로

하는 변화에 대해 질문을 던질 수도, 그리고 그것들이 사라질까 두려워할 수 있다. 그러나 치료나 교육, 발명처럼 시간의 흐름이 '느린' 활동은 충분한 시간을 필요로 하기 때문에 재촉할 수도 없다. 마치 반죽이 완전히 굳지 않은 상태에서 구운 도자기가 금이 갈 수도 있는 것처럼 말이다. 같은 맥락에서 원인을 제대로 파악하지 않고 치료부터 시작하는 것은 병을 더 악화시킬 수도 있고, 한꺼번에 많은 정보가 주어지면 암기하는 것이 더 어려울 수 있다.

우리는 시간의 여유를 가질 수도 없고 가질 줄도 모른다. 또 무언가를 생각하거나 그것을 완벽하게 만들기 위하여 어떻게 해야 하는지도 모른다. 1972년, 프랑스의 인류학자 클로드 레비스트로스Claude Lévi-Strauss는 자신의 집 정원에서 고요하게 진행된 인터뷰에서 정보의 바다에 빠진 인간은 다급한 현대 사회에서 비판적 사고를 하기 어렵다고 말했다. 만일 그가 오늘날에 대해 평가했다면 어떻게 말했을까? 기술에 대한 높은 관심은 얼마나 오래 계속될 수 있을까? 생물이 성장하는 시간을 줄이고, 불필요한 순간과 삶, 행동, 사건의 지속성을 제거할 수 있을까? 미래 사회에서 '느림'은 어떤 의미를 가질까? 늙고, 병들고, 장애가 있어 다른 사람들보다 속도가 느린 사람들을 위한 자리는 남아 있을까? 프랑스의 철학자 폴 비릴리오Paul Virilio는 기계의 빠른 속도와 즉시성에 매료되는 것이 어째서 위험한 것인지 설명한다.

기계가 인간에게 강요하는 속도를 따라가다 보면 우리는 결정권을 잃을 수 있고 행동의 의미를 빼앗길 수 있다. 부유하는 공간 속에서 움직이는 인간은 이제 어디에도 존재하지 않을 것이다. 하르트무트 로자가 시간을 사회학적으로 비판한 것처럼, 공간은 계속 이동하고 유연하기 때문에 그것이 초래하는 비합리성을 잊어서는 안 된다. 현실 세계는 그 유연성 때문에 불안정하고 불확실하다. 모든 것은 끊임없이

변화하므로 그 안에서 우리가 얻을 수 있는 것은 없다.

속도가 인간을 지치게 하고, 행동의 의미는 사라졌으며, 시간의 지속성이 사라진 세계에서 말하는 유토피아란, 개인이 자기만의 속도를 되찾고 느림을 즐기며 새로운 무언가를 할 수 있는 시간이 있는 세상이다. 하르트무트 로자가 말하는 '감속의 오아시스'는 타인과 나 자신을 멀어지게 만드는 가속화된 시스템과 연결을 끊고, 우리 삶에 의미와 가치를 부여할 수 있도록 온전한 나만의 시간을 다시 회복해야 한다는 것이다.

안타깝게도 이러한 유토피아를 향한 욕구는 현대 사회의 논리와 크게 벗어나 있다. 현대의 시간은 작업의 수행, 아이디어의 개발, 목표를 달성하는 데에만 치중되어 있다. 이미 계산되어 설정된 수학적 시간인 셈이다. 베르그송의 말처럼 우리에게는 설탕이 물에 다 녹을 때까지 기다릴 시간이 없다. 만물은 모두 고유의 시간이 있지만, 우리에게는 과일이 다 익을 때까지 기다릴 시간이 없다. 현대의 시간은 기술적으로 프로그래밍되어 있다. **우리는 활동 시간마저 엄격하게 설정되어 있으며, '죽은 시간'이란 존재하지 않는 시간표에 따라 살고 있다.** 오늘날 우리 사회는 기다림이 사라지기를 원하는 것 같다. 마치 필요한 모든 것은 그 즉시 충족되어야만 하는 것처럼 말이다.

인간은 이제 쓸모없을까?

우리에게 이제 기다림이란 없다. 원하는 정보는 즉시 얻을 수 있고, 갖고 싶은 물건이 있으면 3D 프린터로 인쇄하면 되기 때문이다. 기다림은 더 이상 인간의 몫이 아니라 오히려 기계의 몫이 되었다. 기계를 사용한다는 것은 인간의 느린 속도와 무능력함(우리는 기계가 어떻게 작동하는지 이해하지 못하고 고칠 줄도 모르기 때문에), 결점, 부정확성을 인정하는 것이기도 하다. 이제는 전립선암처럼 섬세함이 요구되는 수술에는 인간보다는 더 믿음이 가는 로봇을 이용하게 될 것이다.

오스트리아의 철학자 귄터 안더스Günter Anders는 기계가 낡아 고장이 나는 것보다 인간이 늙는 속도가 더 빠르다고 말한다. 우리는 이렇게 시대에 뒤처지고 나이를 먹으며, 결국 아무도 찾지 않는 골동품이 된다. 기술의 속도는 자연의 속도보다 훨씬 더 빠르다. 새로운 기계들은 계속해서 등장하고, 신규 모델이 출시되면 기존의 모델들은 그 가치를 잃어버린다. 새로운 것에 우리가 적응할 수 있는 시간은 거의 주어지지 않는다. 더구나 이제는 인간이 없어도 기계 스스로 작동하기도 한다. 마치 인간의 더딘 속도에 진절머리가 난 듯, 인간은 목소리를 낼 수 없는 그들만의 세상을 만들기로 한 듯 말이다. 과학자들은 자동차 운행을 관리하고 교통사고와 교통체증을 해소하는 방안으로 차량 간 통신 시스템V2V을 개발하기 시작했다. 이미 로봇화가 우리 주변에서 일어나고 있는 것이다. 인간의 지능이 컴퓨터 데이터 시스템으로 대체되는 분야도 있다. 로봇 기자가 속보를 써내기도 하고, 자동차와 비행기는 이미 자율주행을 시작했다. 그런

데 정말 컴퓨터 프로그램이 인간의 사고력을 대신할 수 있는 것일까? 통계 자료만을 가지고 어떻게 도덕적인 문제들을 해결할 수 있을까? 금융 위기 당시 로봇 트레이더***가 드러낸 문제점들 역시 마찬가지다. 하물며 자율주행 자동차는 어떠한가? 정말 '생각'을 할 수 있을까? 사고가 발생하기 일보 직전, 자율주행 자동차는 갑자기 뛰어든 부주의한 보행자와 운전자 중 누구를 보호하기로 할까?

따라서 몇몇 분야에서는 기술의 사용을 제한할 필요가 있다. 특히 윤리적 문제가 발생할 수 있는 분야에서는 로봇이 인간을 대신하도록 내버려 두어서는 안 된다. 로봇이 어떻게 의사나 선생님을 대신할 수 있겠는가? 프랑스의 기술철학자 장 미셸 베스니에Jean-Michel Besnier는 기술적으로 가능한 모든 것을 반드시 개발할 필요는 없다고 말한다. 즉, 과학기술을 이용한 혁신이 전부는 아니라는 것이다. 인간만이 갖고 있는 비판적 사고를 통하여 기술적 혁신이 가져올 위험을 줄여야 한다.

과학기술의 발전에 새로운 방향을 제시하는 사람들은 로봇이 인간을 완전히 대체하는 것이 아니라 인간과 공존해야

*** 주식시장의 모든 거래와 투자를 관리하는 소프트웨어

한다고 주장한다. 로봇이 할 수 있고 또 해야 하는 일은 로봇이 담당하고, 인간은 통찰력과 도덕적 판단, 윤리적 사고가 필요한 분야를 담당해야 한다는 것이다.

"내가 기술자라면,
아주 복잡한 물건을
만들 것이다. 그것은 존재를
단순화할 테니까."

외젠 이오네스코
Euge`ne Ionesco

인간을 향상하는 것,
어떤 쟁점이 있을까?

빠르고 성능 좋은 기계와 비교당하며 로봇과 경쟁해야 하는 인간은 고장과 결함이 없는 새로운 버전의 인간으로 '업그레이드'하여 자신이 만든 기술의 세계에 적합한 존재가 되기를 원한다. 계몽주의 시대 독일의 철학자 헤겔Hegel은 "인간은 자연의 법칙대로 순순히 따르기를 원하지 않는다"라고 했다. 즉, 인간은 오히려 변화를 꿈꾼다.

우리는 패션과 헤어스타일을 가꾸는 것은 물론, 화장과 문신, 제모를 하며 타고난 자신의 모습을 바꾼다. 여기서 끝이 아니다! 몸 안에 전자 칩을 삽입하거나 부모로부터 물려받은 유전자를 재구성하는 등 내면까지 바꾸는 것도 충분히 상상할 수 있는 일이 되었다. 생명공학의 발전으로 인간은 부상과 질병을 극복할 수 있는 길이 생겼고, 특히 피할 수 없는 운명 같았던 늙음과도 맞설 수 있게 되었으니 말이다.

기술의 진보로 인해 토지의 생산력과 식물의 내성이 계속해서 강화됐듯이, 인간도 향상하는 것이 가능하지 않을까? 이는 결코 새로운 질문이 아니다. 18세기 프랑스의 철학자 콩도르세Condorcet는 이렇게 말한다. "인류가 끊임없이 진화할 수 있다는 것이 진정 터무니없는 일일까? 인간은 불멸의 존재가 될 수는 없겠지만, 태어난 그 순간부터 특별한 병이나 사고가 없는 자신의 삶이 무거운 짐이라는 생각을 자연히 하게 될 때까지 그 시간을 끊임없이 늘릴 수는 있을 것이다."

다시 말해 우리는 가능한 오랜 시간 건강을 유지하고 살아 있음을 즐긴다는 것이다. 아픔도 없애주고 늙음도 막아준다는 데 어느 누가 반대하겠는가! 1980년대 미국에서 탄생한 트랜스휴머니즘과 같이 더 큰 욕심을 부리는 사람들도 있다. 트랜스휴먼이란 나노 기술과 생명공학, 컴퓨터 공학 및 인간의 정신기능을 연구하는 인지공학을 통합한 증강된 미래의 인간으로, 뇌 일부분이 전자적 요소로 구성된 하이브리드 뇌를 장착하여 초인류적 역량을 지닌 인간을 의미한다.

노화된 세포를 새로운 세포로 바꾼다면 우리는 영원히 젊음을 유지할 것이다. 고장 난 장기는 3D 프린터로 만든, 보다 효율적인 인공장기로 바꿀 수 있고, 질병을 유발하는 유전자는 '오려내고' 건강한 유전자를 '복사하여 붙여넣기' 할 것이다. 유전자 편집 기술은 불치병 치료를 위한 희망인 것 같지만, 우생학과 관련된 민감한 질문을 피할 수는 없다.

OK

유전자 편집 기준은 어떻게 설정할 수 있을까? 생물학적, 물리적 또는 이데올로기적 기준에 따라 다음 세대를 결정할 수 있을까? 자연적으로 발생한 '오류'는 어디까지 '교정'할 수 있을까? 유전자 편집은 이상적인 자녀에 대한 환상이나 이데올로기적 변심에 따라 오용될 수도 있다. 우리는 미래의 인간을 어디까지 결정할 수 있을까? 만약 그렇게 한다면 우리는 여러 가지 유전적 특징 중 선택할 수 있는 미래 세대의 자유를 빼앗는 것이 아닐까? 어쨌거나 미래 인간의 모습을 결정할 수 있다고 생각하는 것은 미래 세대가 현재 우리의 마음대로 만들 수 있는 대상이 아니며, 인간이란 원래 그 자체로 한계가 있는 존재라는 사실을 간과했기 때문이다.

그러나 트랜스휴머니즘은 그 명칭에서도 알 수 있듯이, 늙고 병들어 결국 죽음을 맞이하는 인간의 한계를 뛰어넘는 것을 목표로 한다. 인체에 기술을 접목한 하이브리드 인간인 '포스트휴먼'은 어떤 모습일까? 현대 사회에서 기술 발전의 목표는 인간의 삶의 방식과 세계의 변화를 넘어 인체와 뇌 기능의 변화를 향하고 있다. 인간의 한계를 없애고 존재론에서 정의하는 인류의 본질을 바꾸려는 것이다. 늙지 않고 영원한 삶이란 무엇일까? 삶의 의미는 여전히 존재할까? 그렇다면 삶이란 일정한 강도로 계산된 따분한 시간의 연속 아닐까?

과학기술을 이용하여 업그레이드된 인간에 대한 환상은 무수하다. 그러나 비디오 게임, SF 영화, 로봇 공학 등 특정 분야에서 탄생한 기계인간, 즉 사이보그는 아직 우리의 현실과 거리가 멀다. 우리는 아직 병을 치료하는 데에도 어려움이 있기 때문에 현재로서 '향상'은 아직 먼 미래의 일이다. 다리를 다쳐 깁스만 하더라도 움직이기 불편하고 회복하는 데도 시간이 오래 걸린다. 하물며 인공 보철물을 착용한다면 어떻겠는가? 신체적으로나 정신적으로나 우리에게 익숙한 인체구조와는 거리가 멀 것이다.

결국 과학기술을 통해서 인류가 획기적이고 엄청난 변화와 발전을 이룰 수 있을 것처럼 보여도, 현재로서는 질병 완치에도 미치지 못하는 수준이다. 프랑스의 작가 마일리스 드 케랑갈Maylis de Kerangal은 그의 소설《살아 있는 자를 수선하기》에서 심장 이식에 대해 자세히 다루었는데, 그 소설은 우리에게 현실을 있는 그대로 보여준다. 한 생명을 구하기까지 누군가의 죽음뿐만 아니라 얼마나 많은 비극과 불안이 존재하는지를 말이다. 심장은 기계의 부속품처럼 어떤 피해도 없이 인간의 몸에서 떼어내, 이 몸에서 저 몸으로 이식할 수 없다. 우리의 몸은 기계론적인 해석이 불가능하다. 인체란 장기와 영혼, 감각을 느끼는 피부와 정신이 모두 연결된 하나의 유기체로, 몸을 만진다는 것은 육체뿐만 아니라 감각과 의식을 만지는 것을 의미한다. 프랑스의 철학자 데카르트Descartes는 "인간은 배에 탄 선장처럼 몸 안에 들어가 있는 것이 아니다"라고 말했다. 만약 우리의 몸이 기술이 탄생시킨 기계와 비교할 수 있는 것이었다면, 인간은 결코 지금의 모습이 아니었을 것이다.

심장이식 수술을 받은 적이 있는 프랑스의 철학자 장 뤽 낭시Jean-Luc Nancy는 그의 저서 《침입자》에서 자신의 경험담을 통해 죽음과 병이라는 침입자가 불러일으킨 자기 쇠퇴의 감정을 분석한다. 이를 통해 우리는 죽음과 병이 초래하는 심리적 변화를 이해할 수 있다. 그러나 인간의 몸은 플라스틱 모델처럼 조립할 수 없다. 따라서 우리가 원하는 대로 미적으로 혹은 실용적으로 신체적인 요소를 추가하거나 제거할 수 없다. 죽음을 맞이하는 것은 (생물학적으로 이미 결정되어 있듯이) 당연하다. 낭시가 자기 자신을 표현했던 '좀비'라는 것처럼 살아 있지도, 죽지도 않은 상태는 있을 수 없기 때문이다.

우리는 생명공학이 제공하는 것들을 적용할 가능성을 갖고 있다. 인간의 능력은 신체적으로 또 심리적으로 어떻게 변화될 수 있을까? 하이데거가 말했던 인간을 인간답게 만들어주고 인간이 가진 가장 고유한 '가능성'인 죽음으로부터 우리는 얼마나 멀리 벗어날 수 있을까? 우리는 작위적인 세계에서 나타나는 모든 착시현상을 경계해야 한다. 아무리 기술이 새로운 것을 끊임없이 만들어 낸다지만, 불가능한 것을 가능하게 해줄 것이라는 보장은 없다.

지금까지 이루어진 발전과 우리가 앞으로 꿈꾸는 모든 발전은 인간에 대한 정의와 인간이 뛰어넘기를 원하는 한계를 떠올리게 한다. 독일의 철학자 비토리오 회슬레Vittorio Hösle는 "현대사회의 '무한주의'를 거부하는 것은 다음 세기에 해결해야 할 윤리적 주요 과제 중 하나"라고 말한다. 쟁점은 우리의 '한계를 사랑하는 법'을 다시 배우는 것이다. 바로 여기에서 학자들의 의견이 나뉜다. 육체적, 정신적 고통이 따르는 인간의 한계는 우리가 당연하게 받아들여야만 하는 것일까? 벨기에의 기술철학자 질베르 오투아Gilbert Hottois는 끝이 정해져 있는 인간의 삶, 그리고 인간은 한계를 가진 존재라는 사실을 구분하고, 고통과 늙음, 죽음의 굴레를 벗어나려고 애쓰기보다 그것을 '인정'하는 이유에 관해 묻는다. 오투아에 따르면 우리는 한계를 가진 인간의 사고가 구시대적이라고 생각할지도 모른다. 미국의 생명윤리 철학자

트리스트럼 엥겔하르트Tristram Engelhardt는 인간의 본성을 고치고 개조한다면 광활한 우주에서 우리의 위치를 결정해야 한다고 하며 다음과 같이 말한다. "장기적으로 볼 때, 현 인류가 단 하나의 모습으로만 진화할 거란 보장은 없다. 미래의 다양한 환경에서 인간의 본성을 얼마나 개조할지에 따라, 혹은 얼마나 남겨둘지에 따라 여러 가지 유형의 인류가 탄생할 것이기 때문이다." 인간은 한계가 있기 때문에 인간이라고 정의되는 것일까? 우리는 한계를 극복하려고 노력해야 할까? **우리의 몸과 유전자를 조작하면 인간의 본성은 어떻게 다시 정의될까?** 포스트휴먼이라는 새로운 인류는 우리가 상상한 것, 우리가 바랐던 것과 정반대의 모습일지도 모른다. 포스트휴먼은 우리가 전혀 예측하지 못한 방식으로 미래의 환경과 상호작용할 수도 있다. 유전자 편집 기술로 유전 정보가 수정된 DNA는 어떻게 복제될까? 고통과 고뇌를 모르는 존재는 어떤 수준의 감수성을 갖고 있을까? 공감능력은 남아 있을까? 고통을 모르는 사람들과의 관계는 어떻게 될까? **고통이 없다는 것은 결국 우리가 갖게 될 공통된 약점이자 또 다른 문제가 아닐까?**

'증강인간'이 탄생하지 않더라도 기술은 우리를 생산적이고 효율적인 데이터로 축소할 것이다. 조작되고 감각은 제한된 존재로 말이다. 물질로서의 인간은 더는 쓸모없고 데이터의 형태로만 남아 있을 것이며, 플라스틱 모델처럼 조립될지도 모른다.

기술이 인간을 위해 무슨 일을 할지, 또 우리는 어떻게 될지 예상하는 것은 어려운 일이다. 그렇지만 우리는 하지 말아야 할 것만큼은 분명히 결정할 수 있다. 다른 유형의 인류를 상상하다 보면 우리에게 필요한 것과 우리를 인간답게 만들어주는 것들을 다시 깨닫게 될 것이다. 감정, 인간관계와 인정에 대한 욕구, 우리의 정체성을 나타내는 표식 중 하나인 삶의 리듬 등이 떠오를 것이다. 우리는 고도화된 과학기술의 목표를 다시 조정해야 한다. 우리는 시간과 노동과의 관계에서 더 자유로울 수 있도록, 지금과는 다른 용도로 기술을 이용하는 것으로 만족할 수 있다.

한편 자신을 표현하고 타인과 소통하는 공간인 소셜미디어의 정치적, 사회적 역할에 대해서도 생각해 볼 수 있다. '아랍의 봄'과 같은 저항 운동이나 중국의 예술가 아이웨이웨이Ai Weiwei 등 독립 예술가들은 비판적인 메시지와 정보를 널리 보급하기 위하여 인터넷을 이용했고 검열을 피할 수 있었다. 과학기술은 빅 브라더****나 권위주의 정권을 위해서만 사용되는 것이 아니다. 우리의 게으른 성향과 피곤함이 자동화를 불러온 것처럼, 과학기술의 힘은 기술적으로 발전한 현대 사회 전반에 영향력을 발휘할 수 있다.

과학기술 도구의 사용 방식과 목적을 바꾸는 것, 기술이 인간을 소외시키지 않도록 연결고리를 만드는 것, 그리고 지식을 확대하고 지능을 향상할 수 있는 방향으로 기술을 사용하는 것…. 이것은 모두 기술을 이용하여 '보수작업'을 거친 인간이 가진 가능성이다. 오늘날의 인류를 만든 연대와 교류의 가치를 지키기 위해 기술의 새로운 사용법을 찾는 것이 바로 우리가 해야 할 일이다.

**** 조지 오웰의 소설 《1984》에 처음 등장한 용어로, 정보를 독점해 사회를 통제하는 거대 권력자 또는 그러한 사회 체제를 일컫는다.

“우리는 욕망하는 기계다.”

질 들뢰즈

Gilles Deleuze

해시태그?